시조의 향기

李靜子의 제5시조집

새미

일곱 번째 시집을 내면서

어떤 이들은 말한다.

술 한 잔이 들어가야 시 한 구절이 나오고 인생의 쓴 맛을 보아야만 인생을 말할 수 있다고─. 그런데 나는 술 한 모금 마시지 않고 맨 입으로 맨 정신으로 시를 쓴다. 나의 대학 친구가 어느 날 내게 말했다. "너같이 이지적인 애가 무슨 시를 쓰느냐?"고. 그런데 나는 지금 시를 쓰고 있고 고등학교 때부터 문예반에서 시를 익혔다. 아마 그것은 피를 물려받은 것인가 보다. 나의 아버지께서는 한학자로 한시를 잘 쓰셨으니 그것이 나에게 유전된 것이라고 요즈음은 생각한다. 나의 아버지께서도 술은 식후 반 주 한 잔이면 족했으니 술기운으로 시를 쓰시지는 않으셨다.

나는 내 詩作의 원칙을 다음과 같이 세우고 창작에 임한다.

1. 아름다운 말, 고운 말, 순수 우리말을 시어로 최대한 택한다.
2. 부정적이고 상스런 비속어는 쓰지 않는다.

3. 지나친 상징이나 이미지로 난해하게 쓰지 않는다.
4. 물이 흐르듯 시상의 흐름을 따라 자연스럽게 쓴다.
5. 시조는 평시조의 정격 곧 도남 조윤제 선생의 율격을 따른다.
6. 인생의 쓴 맛도 삭히어 편안하게 쓰고 희망적으로 마무리한다.
7. 평시조의 정격으로 표현할 수 없을 경우는 엇시조나 사설시조로 쓰고, 자유시로도 표현한다.

이상의 원칙을 나름대로 세우고 내 시창작의 길을 가고 있다.

내 학문과 마찬가지로 내 창작생활을 중요시하고 그 길을 걸어 왔고 앞으로도 꾸준히 갈 것이다. 그래도 이제는 내 저서와 함께 작품을 알아보는 이들이 있어 2006년 [올해의 시조문학 작품상]을 받게 되어 기분이 좋다.

시조의 향기에 취하여 노닐다 습작에 습작을 거듭하여 등단한지 이제 15년, 첫 시조집을 낸지 꼭 10년이란 세월이 흘렀다. 그 간 자유시집 2권 시조집 4권을 냈고 이제 그 7권을 낸다.

　계절의 여왕, 신록이 아름다운 5월에 내 마음의 편린들이 한데 어울려 햇빛을 보게 되어 더욱 기쁘다. 앞으로는 시간적 여유도 더 있을 테니 더 좋은 결과를 기대하며 제 5시조집을 상재한다.

2007년 싱그러운 5월에
자헌 이정자

차 례

2

3

4

5

6

7

| 부록 |

1

새벽길

흰 구름
달을 물어
하늘빛은 흐리고

낙엽은
바람 물어
앞서가며 소곤대고

새벽별
등불이 되어
나의 길을 비추네.

(2005.3.3)

17

연꽃(1)

갈맷빛 치맛자락 열 두 폭을 드리우고
연분홍 저고리에 아담하게 단장하곤
부처님 봉양 드리는 아름다운 연화보살.

(2005.4.3)

고향 맛

참나무 숯불위의 보글보글 된장찌개
뚝배기 오지 그릇 투박해도 정다웁고
갓 따온 텃밭 채소가 신토불이 고향 맛.

(2005.4.6)

19

할미꽃

자주빛
할미꽃이
양지바른 산등성서

다소곳
인사하며
고향생각 안겨주네.

긴세월
잊고 살았던
어린 꿈이 서리네.

민심 읽기

－4.30 보궐선거－

23대0
세계적인
보궐선거 기록이다.

여당의
공세에도
야당의 완승인데

경기는
정부를 향한
민심 바로 보기란다.

(2005.5.1)

부활의 의미

앙상한
가지마다
꽃잎이 피어나고

꽃 지자
그 자리서
새잎이 돋아나니

또 다른
부활의 의미
거듭남의 생명이네.

(2005.4.11)

생명

연초록
새 생명이
내밀의 창 열고 나와

살포시
고개 들고
밤하늘을 바라보다

별님들
사랑 얘기에
쫑곳 귀를 세우네.

(2005.4.19)

여름

싱그런
푸른 잎이
햇살 익은 물을 먹고

갈맷빛
실한 줄기
열매까지 주렁주렁…

알알이
사연을 담아
익어가는 계절아.

(2005.6.20)

톤래삽 사람들

아이들
놀이터는
넓디넓은 톤래삽* 호수

그곳이
생활터전
그것이 관광이네.

문명의
이기 몰라도
자족하며 산다네.

(2005.6.8)

---

* 톤래삽 호수 — 캄보디아에 있는 동양최대의 호수로 水上村이
  형성되어 있다.

앙코르 왓트*

인간의 우매함이
자신을 신격화해
불상한 백성들만
노역으로 숨졌으니…

돌덩이
하나하나에
원혼의 눈 박혀 있네.

(2005.6.8)

---

* 앙코르 왓트 – 수리아바르만 2세가 자신의 유해를 안치하고 상
  징적 종교로 비슈누 신과 자신을 영원히 동일시할 수 있는 거
  대한 소우주 건축물로 세운 것이다. 연인원 5만명으로 30년
  간 동원되었다.

축복의 열매

- 정순량 교수님 정년에 부쳐 -

鐵樹花*
만개한지
어언 5년 세월에도

그 씨앗
두루 나눠
곳곳마다 새잎 나니

일마다
축복의 열매
복된 삶을 이루시네.

(2005.7.4)

---

* 鐵樹花는 60년마다 꽃을 피우는 나무로, 회갑을 의미함.

망초꽃

쪼그만 꽃잎들이 군락을 이루더니
메밀꽃 만발한 듯 온 들판이 눈부시네.
등산길
길손을 맞아
마음까지 밝혀 주네.

(2005.7.10)

코스모스(05-1)

달리는
차창가에
손흔드는 가을 풍경

고운 손
내어밀며
햇살 언져 반겨주네

드높은
파란 하늘가
소요하는 마음이여.

(2005.8.23)

가을 하늘

무심히
바라다본
티 없는 가을하늘

한참을
바라보다
빠져버린 눈동자엔

새파란
하늘이 박혀
눈길마다 적시네.

(2005.8.23)

가을 바람(05)

따가운
햇살 싣고
달려오는 가을 바람

스치는
손길마다
고운 물감 풀어내어

홀홀이
떠나버려도
오색수로 남기네.

(2005.8.24)

코스모스(05-2)

미풍이
스치어도
하늘대는 여린 맘에

청초한
고운 얼굴
순수를 그려 넣고

가만히
빗장을 열고
다가서는 향기여.

(2005.8.27)

분깃대로

한줌의
흙덩이로
산기슭에 버려져도

도공의
손맛따라
청자기로 태어나니

넘치는
영광을 보며
향기롭게 살아가네.

(2005.9.10)

2

잠 깨우기

달콤한 잠의 향기
손을 뻗쳐 밀어낸다.
세차게
뿌리쳐도 끈질기게 다가오네.

달려온
바람을 끌어
몽상에서
창을 연다

(2005.9.13)

행복한 명절

드높은 꿈을 향해 하늘바라 뻗어가고
드넓은 대지 위에 각자 길을 걸어가도
띠앗*은 명절이 있어 바라봄도 좋아라.

(2005.9.18)

---

* 띠앗 – 형제간의 우애와 정의가 좋은 것을 이르는 순수우리말

벼이삭처럼

인생의
원숙함은
무엇으로 드러날까

무엇을
잣대삼아
어느 것을 재어볼까

숙여도
벼이삭처럼
당당할 수 있다면.

밤바다

휘영청
달빛그늘
처용아비 춤을 추고

속살을
드러내며
곤두 박힌 억센 파도

기어이
넘고야마는
잿빛하늘 수평선.

(2005.9.29)

이슬방울

날마다
그듭나는
그대향한 이슬방울

얼룩을
씻어내듯
수없이 씻어내도

해묵은
겹겹 허물은
불덩이로 승화하네.

(2005.10.24)

이 가을에

가을은
산을 태워
오색수로 옷을 짓고

구름은
비를 태워
하늘 끝 마실 가고

햇살은
바람에 실려
이 가을을 태우네.

(2005.10.26)

새벽길(2)

새벽을
깨워주는
별님들의 행진소리

우렁찬
적막고요
찬이슬에 젖어들고

새벽달
샛별을 몰아
하늘가에 걸려 있네.

(2005.10.29)

어느 가을 날

갈잎은 바람 실어 실로폰을 연주하고
구름은 길 멈추고 명상 속에 젖어들고
가을은 단풍잎 물고 낙엽 따라 흐르네.

(2005.10.31)

꽃반지 끼고

구름은
너울타고
하늘바다 달려가고

갈바람
물감 풀어
가을산을 물들이고.

해님은
꽃반지 끼고
노을타고 마실가네.

그 누가?

- 돌아온 황우석 박사를 보고

그 누가 그에게서 밝은 웃음 뺏어갔나?
세상사 알 수 없는 외줄타기 이라지만
어제의 명예론 자리 포말에서 허덕이네.

어떻게?

세상사
알 수 없는
수수게끼 진실게임

누구의
농간일까
말도 많은 줄기세포

누구도
범할 수 없는
조물주의 생명을.

한줌의 흙

한줌의
흙덩이가
도공의 손에 들어

쉼없는
물레질에
빗살고운 도기되듯

거듭난
인생의 삶도
청자처럼 고웁다.

회색 오후

장대비
험악하게
쏟아지던 회색 오후

벨소리
요동하며
투덜대는 불협화음

마음은
전파를 타고
빗소리에 젖는다.

폭설피해

그들엔 눈(雪)은 이미 낭만아닌 폭군이다.
축사며 하우스며 공장이며 갈 길마저
그 모두 앗아가 버린 폭군중의 폭군이다.

소금 바위

소금꽃
피고 지는
새하얀 바위섬엔

하이얀
홀씨들이
포말로 익어가고

햇살이
머물다 가도
승화하는 꽃바위.

卍行(06)

동안거
깨친 진리
바랑에서 춤을 추고

가지끝
아지랑이
산문 밖서 춤을 추네.

봄바람
꽃물을 풀어
향기로운 들녘 길.

(2006. 3)

등산

때 따라 오르는 길 숨소리도 가파르다.
골바람 맑은 공기 긴숨으로 마시면서
흐르는 땀의 깊이에 익어가는 건강법.

3

융프라우

흰 구름
파란하늘
초원위의 만년설과

백설이
녹아내린
청정한 계곡물이

말갛게
마음 적시며
눈길마다 물든다.

적막

울타리
담을 삼아
듬성듬성 엮어 세운

수숫대
사이사이
병아리만 오고 갈뿐

사람은
보이지 않고
그림자만 길어가네.

은자의 집

깊은 골 돌계단이 층층한 비탈길에
흐르는 물길 따라 소곤대는 소리소리
달빛은 길을 밝히며
고요 속에 젖어드네.

(2006.3.24)

도전

하나를
깨우치면
더해가는 물음속에

일상의
즐거움쯤
절제하고 초월하여

미지의
순간을 찾아
새로운 길 여는 것.

결단

혼몽한 순간에도
두 눈을 부릅뜨고
발목이 잡혔어도
매몰차게 뿌리치고
툴^!
툴^!
툴^!
털어 버리고
의지대로 가는 것.

갈매기

총총히
갯바위에
얼굴을
내어 밀고

객선에
손 흔들며
푸른 바다
낚으려고

파도를
훌쩍 넘으며
수평선을
건너네.

봄비

살며시 다가오는 보드라운 손길 같이
뾰족이 얼굴 내민 새싹들을 어르면서
겨울 잠 앙상한 가지에 생명줄을 이어주네.

봄바람

살포시
다가와선
연서 한 장 내려놓고

귀엣말
속삭이며
어깨춤 들썩이다

따사론
햇살 한 줌에
파란 잎을 틔우네.

(2006.4.21)

낮잠

달콤한
잠의 요정
향기에 빠지는데

바람이
달려 와서
눈을 씻어 깨워주니

화들짝
마음이 놀라
창문으로 다가가네.

(2005.8.13)

여름 한 낮(2)

日서방 구름이불 곱게 덮고 곤히 자고
風서방 숲 속에서 낮잠을 즐기는데
暑서방 상기된 얼굴로 떠날 줄을 모르네.

(2006.8.15)

장가계에서

(1) 천문산

15억 거대한 땅 그 끝은 어드멘가
천문산 드나드는 구름 속에 내가 있고
태고적 기암절벽도 구름 위에 오락가락.

(2006.7.12)

(2) 보봉호

산수가 어우러진 한 폭의 동양화에
기이한 사연으로 이름 없은 기암절벽
뱃노래 아니 불러도 신명나는 뱃놀이.

(3) 황룡동굴

입구는 좁은데 들어서니 광장이다
물줄기 배를 타고 어느메쯤 내렸을까
희귀한 오색 보물로 층을 이룬 거대동굴.

(4) 천자산

탄성에 탄성으로 이어지는 기암절벽
멀리서 바라볼 뿐 가까이는 갈 수 없네
자연의 오묘한 형상 창조주의 솜씨라네.

가을 느낌(1)

앞마당
텃밭에선
고추잠자리 맴을 돌고

들국화
코스모스
가을바람 불러오고

청포도
영그는 소리
가을 하늘 드높다.

(2006.9.1)

가을 느낌(2)

하늘빛
고운 날에
흰 구름 쪽배타고

그윽한
쪽빛여울
하늘 길 달리는데

갈바람
추억을 불러
내 심장을 적신다.

(2006.9.1)

가을바람(06)

산야를 헤엄치는
요술쟁이 가을바람
물감을 둘러메고
나무마다 물들이다
노을에
취한 하늘에
제가 먼저 놀라네.

(2006.10.29)

아니오

형식을 파괴하곤 시조의 현대화래
종장을 종결 않곤 현대시의 다양화래
아니오, 정격을 지켜
세계화로 뻗어가요.

(2006.11.3)

4

아가의 푸른 눈엔

해맑은 아기 모습 샛별 같은 푸른 눈엔
잔잔한 호수처럼 하늘 닮은 옹달샘이
햇살에 목욕을 하고 보석처럼 빛나네.

방긋이 웃는 모습 천사 같은 그 모습이
한 아름 꽃이네요. 온 세상이 꽃이네요.
화사한 엄마 웃음이 보름달로 뜨네요.

밤의 서정(05)

별빛이 쏟아지는 까만 밤을 머리 이고
키다리 전신주에 매달린 방범등은
졸린 듯 깜박거리며 이 한밤을 지키네.

사랑을 키워가는 연인들의 발걸음은
한 걸음 한 걸음씩 벤치 앞에 멈춰서고
별들도 감성을 깨우며 도란도란 속삭이네.

아름다운 사람

미소를 머금은 듯 아름다운 그 사람은
베풀고 배려함도 바다 같고 하늘같아
모두가 좋아합니다. 한결같은 마음을.

때로는 힘이 들고 어려움이 있을 때도
사랑을 나눠주고 보답하는 마음씀에
모두가 좋아합니다. 한결같은 사랑을.

연꽃(2)

진흙탕 더러운 물 청정하게 정화하는
내밀의 방 한 칸을 끊임없이 자아내어
저리도 고운 빛깔로 빚어내는 것일까.

이토(泥土)에 잠겼어도 물들지 않는 것은
부처님 설법 따른 불제자의 모습으로
연꽃의 생태에 담긴 부처님의 마음이네.

(2005.4.2)

시조의 집

고시가 여러 장르 시대 따라 생멸해도
고유한 우리 시조 그 형식은 옛 그대로
3장에 6구 12음보가
현대시조로 계승됐네.

설익은 장인들이 그 규칙을 무시하고
현대를 구가하며 그 형식을 파괴해도
올곧은 선비 정신은
정격 더욱 사랑하네.

(2005.4.6)

햇살

살며시 창틈으로 비집고 들어와선
내밀의 방 한 칸을 부시도록 밝히고선
창가에 머물러 앉아 차 한 잔을 청하네.

미풍이 스쳐가다 돌아서 자리하곤
카-텐을 뒤로 하고 마주 앉아 속삭이네.
화창한 아침을 맞아 연서(戀書) 한 장 띄우네.

－문학저널 2005년 7월호－

소망의 뜰에서

새봄을 기다리는 나목의 떨림으로
생명의 불을 붙여 하나 둘 엮어 가면
새눈은 햇살을 먹고 긴 잠에서 깨어난다.

소소한 생명에도 눈길을 맞추면서
살며시 다가가서 사랑을 나눠주면
풀꽃도 미소를 띠고 다소곳이 인사한다.

(2005.5.2)

- 문학저널 2005년 7월호 -

봄의 서정(05)

노오란 개나리는 꽃잎물고 미소 짓고
연분홍 진달래는 이산 저산 불을 놓고
백목련 순결한 자태 새잎 틔어 더욱 곱네.

홍매화 황매화는 소담스레 오순도순
군자란 객기 부려 봄소식은 제일 먼저
봄 향기 가득한 정원 아름다운 봄의 서정

(2005.4.6)

마음은 흘러가고

곱게도
피어나는 어린잎을 바라보며
어느 듯 새잎 따라 마음은 흘러가고
인생의 봄을 맞은 듯
자연으로 빨려드네.

저리도
고운 빛깔 갸녀린 물길 따라
자연도 꿈을 펼쳐 아름답게 피어나니
품은 뜻 귀히 여기고
다스리며 나아가리.

(2005.5.24)

Blue Ocean

꿀벌이 꽃술에서 요란스레 꿀을 따도.
꽃잎에 상처하나 주지 않고 취하듯이
인간사
이해 관계도
벌꿀맘만 같았으면.

우리네 하는 일도 깜냥껏 소신대로
이익을 취하면서 남을 돕는 일이 되어
품앗이
상부상조의
뜻을 새겨 넣었으면.

(2005.5.19)

빗소리

창틀을 두드리는 요란스런 빗소리에
괜스레 마음까지 빗줄기가 내리치네.
한 줄기 빗물을 타고
영상 속에 잠긴다.

이럴 땐 푸근하게 마음하나 내려놓고
차 한 잔 나누면서 오순도순 옛이야기
정답게 건 넬 수 있는
옛 친구가 그립다.

(2005.7.3)

들꽃처럼…

갈맷빛
줄기마다 파란 햇살 가득 담고
고요히 내려앉는
바람결을 느끼면서
꽃잎은
수줍은 향기로
아름다움 적시네.

앙증한
꽃잎마다 고운 햇살 받아먹고
비바람 몰아칠 땐
나긋이 몸 낮추며
생명을
귀히 지키는
아름다운 꽃이여.

(2005.7.11)

살아가면서

태양을 바라보듯 위로만 쳐다보면
발아래 그림자는 미쳐보지 못할 거다.
정면을 똑바로 보면 두 세상이 보일 거다.

시련의 멍에 없이 인생 맛을 어이 알까
가슴속 물이 괴면 그 흐름도 만날 거다.
행복은 가슴으로만 느껴지는 세월이다.

여름날의 꿈

찌는 듯 쏟아지는 고도의 폭염 줄기
소나기 맞은 듯이 온몸은 젖어들고
푸르른 바다속으로 유영하는 꿈을 꾼다.

한낮의 불볕더위 잠시 머문 구름아래
살며시 몸 낮추고 풀잔디에 누워본다.
여우비 흠뻑 맞고야 깨어나는 아쉬움.

5

마애삼불존상

절벽을 깎아내린 장인 솜씨 신묘하다
창공을 머리 이고 해를 받아 표출되는
은은한 신비의 미소엔 살아 핏줄 흐르네.

소나무 능선마다 굽어 뻗어 춤을 추고
구름은 絶崖에 걸려 실핏줄로 내려오고
동맥은 산허리 돌아 마애불로 흐르네.

(2005.10.22)

크리스마스 선물

- 어느 맹인 소녀의 소망 -

미소가 아름답고 해맑은 그 소녀는
마음의 눈을 뜨고 세상사를 바라보죠.
음성만 들어보고도 그 마음을 알지요

소녀는 사람들의 표정을 볼 수 없어
다양한 표정관리 할 줄을 모른다며
산타께 감정 표현을 선물 받고 싶대요.

Blue Ocean(2)

공생의 길을 가는 꽃과 나비 나눔처럼
평화를 영위하며 발전하는 기업정신
모두가 꿈꾸는 세계
Blue Ocean 경영이다.

잔잔한 호수에서 유영하는 백조처럼
나홀로 높이나는 블루오션 기업들도
쉼없는 발짓을 하며 마니아를 부른다.

오막살이 토담집엔

산 밑에 두 칸짜리 오막살이 토담집엔
산새가 할머니랑 누렁이와 살고 있네.
마당엔 텃밭이 있어
할머니의 소일거리.

햇살이 내려앉고 산바람이 불어오면
할머니 얼굴에도 그림자가 드리운다.
결국은 혼자인 인생
홀로 와서 홀로 가지.

평안하소서

평안하소서

－워싱턴DC 한국전쟁 기념관에서－

하 많은 젊은 피가 전장에서 죽어가도
영화의 장면 보듯 지나가고 잊었는데
기념비 한 줄의 글귀에 가슴 적실 줄이야.

알지도 못한 나라 자유를 지키려고
국가의 부름 받고 꽃으로 산화했네.
님이여, 평안하소서 길이길이 빛나리.

Our Nation Honors Her Sons And Daughters
Who Answered The Call To Defend A Country
They Never Knew And A People
They Never Met.

(2006.1.30)

사라진 쌍둥이 빌딩

사람이 악해지면 얼마나 악해질까
사람이 선해지면 얼마나 선해질까
선악간 물고 물림이 어찌 그리 악한지.

사라진 빌딩 숲은 흔적도 처량하다
기념비 십자가는 가시관을 상징하듯
가신이 넋을 달래며 굳은비에 젖는다.

길은 산속에도

가다가
돌아보며 오던 길도 더듬는다.
엇길로 이어지면 계곡 타고 굽어들고
구름도 중턱에 앉아
말벗하자 쉬라하네.

한적한
산속에도 부산스런 봄의 숨결
산새도 서로서로 사랑하며 화답하고
잎새도 햇살을 물고
가지 끝서 속삭이네.

(2006.2)

새옹지마(06)

한줌의
흙덩이로 산기슭서 딩굴다가
비바람 휘날릴 때 밀리고 밀리면서
산문옆 토담집으로
들어가게 되었네.

인간사
새옹지마 전화위복 이라더니
운명은 알 수 없듯 장인의 손에 들어
물레질 돌고 돌아서
멋진 자기로 태어나네.

(2006.3.2)

앎의 세계

학생도 자기수양 내가 갈고 닦는 것
스승도 자기수양 내가 갈고 닦는 것
사제간 수양에 따라 수수간에 빛이 난다.

스승은 제자 있어 학문에 빛이 나고
제자는 스승으로 학문의 터 열고 닦아
잉태된 깨우침으로 앎의 세계 도약한다.

믿음은···

사람은 태어나서 예정대로 사는 걸까
아니면 개척하여 새로운 길 여는 걸까
내일은 오늘에 이어 거울처럼 비친다.

영혼은 영원불멸 하늘나라 꿈을 꾸고
육신은 유한한 것 원형대로 회기하니
믿음은 소망을 주어 풍성한 삶 누린다.

아니마

인간의 마음에는 이중성을 갖고 있지
남성의 마음에는 여성성이 함께하고
칼·융은 학명을 붙여 <아니마>라 이름했지

이중의 공존성은 누구에나 있는 것
여성의 마음에도 남성성이 함께 하지
칼·융은 <아니무스>라 학명으로 명명했지.

목련꽃 피는 아침

목련꽃
탐스럽게 피어난 이른 아침
하늘은 더 푸르게 꽃잎 사이 내려앉아
한 폭의 정물화 그리며
햇살 풀어 입히네.

꽃잎 속
이슬방울 보석처럼 매어달려
홀연히 낙화하는 황홀한 네 모습에
피안 길 승화순간을
너로 인해 알 것 같네.

(2006.4.12)

소리소리

명주실
담아내듯 가벼웁게 실어오는
연초록 바람결에 깨어나는 소리소리
새싹이 틈새비집고
일어서는 소리소리

마음을
풀어놓고 가만히 들어보면
가까이 더 가까이 다가오는 소리소리
봄비에 눈을 비비며
깨어나는 소리소리.

(2006.4.11)

4월의 노래

꽃바람 실어오는 풋풋한 4월 하늘
움트는 새순들은 파릇파릇 솟아나고
만개한 봄꽃축제는 곳곳마다 희망이다.

뾰족이 고개 내민 수줍은 들풀하며
개나리 진달래꽃 산수유 벚꽃축제
뒤뜰 밖 할미꽃까지 봄 향기로 가득하다.

(2006.4.12)

결실

- 제정 선생 문집을 내면서 -

아버지
뜻을 따라 내 안에 심어져서
연년이 다져지고 거듭거듭 각인되어
십여년 세월 후에야
이제 열매 맺습니다.

아버지
주신 말씀 마음 밭에 새기면서
참되고 익은 것만 이제야 집어내어
부탁한
그 빈 자리에
내려놓고 옵니다.

(2006.10.31)

6

새봄을 기다리며…

이제는 겨울눈을 기다리지 않을 거다.
새봄의 풋풋한 향내만을 마실 거다.
은은한 봄꽃의 향기 온몸 가득 마실 거다.

함박눈 기다리는 설렘도 있었지만
기다려 지친 마음 맑은 하늘 원망 하다
못오는 사연 있을터 그 길목이 걱정이다.

쓰나미 자국으로 하늘 길이 막혔을까…
이 겨울 함박눈을 기다렸던 그 소망은
지구의 한쪽 불행에 마음 더욱 아프다.

(2005.1.19)

** 이 곳은 겨우내내 눈다운 눈이 오지 않았다.

꿈으로 오는 사람

생각을 지웠어도 꿈길에서 찾아와선
오롯이 촛불 하나 그리움을 붙여놓고
홀연히 떠나버리는 바람 같은 사람아

어느 땐 슬그머니 꽃잎하나 실어 와선
어깨에 내려놓고 시 한 수 꽂아 두곤
홀홀히 사라져가는 구름 같은 사람아

꿈길 속 시간에만 찾아오는 사람이면
괜스레 맘 조이며 가슴 설레 안 할 거야.
다시는 꿈을 안꾸리 눈을 뜨고 잠을 자리.

(2005.1.25)

겨울 정경

- 고향에서 -

밤사이 함박눈이 온 세상을 뒤덮은 날
발자국 하나 없는 앞마당을 바라보며
어릴 적 뛰놀던 모습 영상으로 그린다.

그 때는 집집마다 아이들이 넘쳐났지.
눈사람 만들면서 눈싸움도 즐겼었고
추위도 아랑곳없이 강아지도 한몫했지.

어린이 하나 없는 고향하늘 지킴이들
적막한 마당에는 노인들만 서성이고
개들도 어른을 닮아 서성이다 주춤하네.

(2005.2.20)

소망의 씨

1.
물(物)마다 뜻을 갖고 의지대로 펼쳐두자.
빈가지 마른 잎도 새순으로 피어나듯
때 따라 빗장을 열고 잠든 의식 깨울 거다.

2.
바라고 닦아온 길 골고루 뿌려두자.
계곡의 맑은 물길 바다에 닿게 되듯
수시로 달려온 길서 나를 때도 있을 거다.

3.
한 조각 꿈을 던져 빈 하늘에 걸어두자.
민들레 홀씨 풀어 바람타고 날아가듯
소망의 중심점에도 닿을 날이 있을거다

(2005.5.25)

도담삼봉을 찾아서

짙은 산 능선 따라 시원스런 자연경관
깊은 물 굽이굽이 골을 따라 넘실대고
삼봉은 도도히 서서 그 중심을 지키네.

자연의 숨소리는 바람결에 듣게 되고
자연의 향기롬은 잎새에서 맡게 되니
도도한 자연의 물결 마음까지 푸르다.

눈앞에 펼쳐지는 싱그러운 자연에서
스스로 지키짐에 순수함을 보게 되니
조물주 다스리심에 머리 숙여 경외한다.

유월이 오면

- 6.15 공동 선언 5주년 기념행사를 보며 -

핏자국 선명하게 주홍글씨 새겨 놓고
삼천리 금수 강산 푸른 속살 드러낼 때
뻐꾸기 아기 둥지를 끝내 두고 떠났네.

상사화 피고지고 이별을 노래해도
그날의 함성소리 산야를 덮는구나.
가신 넋 잦아든 골에 적막감만 흐르네.

아픔도 세월 따라 속절없이 흘러가고
철조망 사이사이 처절했던 흔적들도
남북의 화해 무드와 축포속에 잠기네.

(2005.6.24)

어머니의 뜰(1)

철없던 지난세월 마음이 아려오네.
왜 그리 아둔하게 어머니 맘 몰랐는지.
언제나 사랑하나로 감싸주신 어머니.

하던 일 잘 안되면 괜히 혼자 화가 나도
어머닌 맘이 아파 가슴을 쓸어내며
다가와 풀어주시던 그 손길이 아프다.

어머니 살아생전 못한 일만 생각나고…
지금은 내가 나를 채찍하며 뉘우쳐도
내안에 흐르는 빗물은 모정의 강 이루네.

(2005.8.11)

어머니의 뜰(2)

부엌문 돌아서서 장독대 옆 작은 방엔
돗자리 깔려있고 사각상 위 책 몇 권이
어머니 재산일호로 필구통과 함께 했지.

하던 일 여의찮아 아파하며 넘어져도
언제나 다독이며 변치 않고 지켜 준 건
내 맘에 바람을 재우는 어머니의 뜰이었다.

어머니, 깊은 뜻을 지금에야 알 것 같아
나 또한 아이에게 다독이고 힘을 주어
그 옆에 조용히 앉아 쉬어 가는 뜰이 되리.

(2004.11.29)

초록 숲에 서면

초록빛 숲에 서면 살아있는 숨소리가
귓가를 스치면서 바람을 몰고 오고
잎새들 햇살을 물고 춤사위가 아름답다.

나무는 가지마다 초록꿈을 가득 싣고
풍성한 대지 위에 새생명을 펼치면서
올곧게 자리 지키며 수백년을 이어오네.

새소리 바람소리 이름 모를 소리소리
흙에서 태어나서 흙으로 돌아가니
자연은 원초적 고향 가는 길도 고와라.

느낄 수만 있다면

디카가 빛을 보는 첨단과학 영상시대
칼라도 차선으로 물러서는 시점에서
빛바랜 흑백 사진은 추억만을 더해간다.

먼저 간 고운 분들 빛바랜 사진 보며
어느 땐 나도 함께 그 한 자리 차지하여
추억 속 사람이 되어 잊혀가고 있겠지.

사진도 나를 보며 느낄 수만 있다면야
무엇을 욕심내랴 여한 없이 보련마는
한 번 간 그 길은 멀어 소식조차 두절이네.

미틈달의 서정

추수가 끝난 자리 주인 잃은 허수아비
모닥불 피워놓고 텅 빈 가슴 지펴본다.
넓은 들 검버섯처럼 얼룩얼룩 피어나네.

청량한 늦은 가을 한 줄기 바람에도
모닥불 머리 풀어 펀더기에 서성이고
낙엽은 오색 꿈꾸며 하늘가에 머무네.

구름이 걷힌 뒤의 밝은 달을 바라보듯
시야는 넉넉하여 허허롭기 그지없다.
낭랑한 개울물소리 어지럼을 씻어주네.

오월 숲에서

오월의 숲에 서면 새생명이 솟아난다.
초록빛 풀내음과 싱그러운 나무향에
텁텁한 가슴속까지 말끔하게 씻긴다.

보듬어 품고 앉은 먼저 누운 영혼까지
향기로 다가오는 대지의 흙내음에
마지막 누울 자리가 여기인 가 싶어라.

잊은 듯 서 있다가 하늘을 바라보니
풀향은 푸릇푸릇 온 하늘에 적셔있고
조그만 마음하나에 온 우주를 담는다.

- 2006년 올해의 시조문학 작품상 수상작 -

시조 짓기(1)

- 작금 시조형의 파격논란에 접하고 -

오롯이 한마음은 너 다운 잉태위해
떨리는 가슴으로 양 손에 땀을 쥐고
한 글자 놓을 때마다 숨죽이며 진통한다.

너 하나 눈을 뜰 땐 동녘하늘 달이 떴고
그 기쁨 떨림으로 마음이 적셔올 땐
은하수 흐르는 강가 새벽별이 돋는다.

이렇게 아름답고 자랑스런 정형인데
보듬고 다듬어서 태어나는 전통인데
어쩌다 장인의 손에 홍역 앓는 변태인가.

자유의 여신상

자유의 함성소리 파도에 밀려온다.
해풍에 생동하는 해수의 물결 따라
바다는 여신상 앞에 포효하듯 외친다.

약한 자 앞세우고 힘 있는 자 한발 물러
정의론 대의 앞에 모두모두 나아오라.
자유의 여신상 앞에 편히 쉬게 하리니.

황금의 문을 열어 가슴을 활짝 펴고
여신의 존엄 앞에 두 팔을 뻗쳐보라
자유의 횃불 드높여 땅끝까지 비추리.

한 그루 넉넉한 나무로

대지에
발을 꽂고 생명의 근원 찾아
겸손히 몸 낮추며 길을 열고 헤쳐나가
든든한 집을 만들어
연(緣)의 가지 엮어간다.

그 가지
새잎 나서 풍성하게 옷을 입고
가을날 채색하여 바람 따라 떠나가도
나무는 버티고 서서
하늘 아래 넉넉하다.

한 평생
사는 동안 뻗어가고, 뜻을 펼쳐
잔가지 잎새 내고 풍성하게 이어가서
한 그루 넉넉한 나무로
꿈을 주고 싶어라.

(2006.2.27)

나무

심어진 모습대로 방치하면 잡목 되고
척박한 곳이라도 다듬어서 가꿔보면
잡목도 거목이 되어 그 가운데 우뚝 선다.

똑 같은 묘목들을 화분에 심어보면
제각각 조건 따라 성장 따로 열매 따로
교육도 환경에 따라 그 결과가 다르다네.

처음은 부족하고 맺은 열매 적더라도
적절히 개혁하고 노력하여 발전하면
잡목도 거목이 되어 그 대열에 우뚝 선다.

돌다리

동구밖 느티나무 마을길로 인도하고
만나면 인사하고 비켜서서 양보하던
고향의 정겨운 인심 돌다리가 말해주네.

꿈꾸듯 그려보는 그 시절은 지나가도
발갛게 익은 마음 세월 속에 묻어있어
새하얀 달빛그리며 돌다리를 두드리네.

어릴 적 즐겨 걷던 시냇가 오솔길도
문명을 뒤로 한 채 어제인 듯 변함없어
그리운 세월을 가듯 돌다리를 건너네.

(2006.3.31)

중앙탑

충주시 탄금호변 토단 위에 터를 닦아
현대와 공존하며 새롭게 단장하여
우리네 문화 유물로 그 위용을 떨친다.

유람선 두어 채를 양 날개로 거느리고
세속에 저린 마음 강바람에 씻어주며
드높은 기상을 떨치며 우뚝 솟은 중앙탑.

옛 것을 새겨보며 찾는 마음 달리해도
하나로 섞어가는 역사의 저울 앞엔
저마다 溫故而知新 마음 씀이 고와라.

― 한국시학 2006 겨울호 ―

7

풀잎과 바람

풀잎과 마파람이 어우러져 춤을 추네
바람은 안무가로, 풀잎은 배우되어
서로가 조화를 이뤄 초록물결 이루네.

바람이 조심스레 고운 손길 내어밀면
풀잎은 가는 허리 유연하게 돌아가며
우아한 멋진 율동에 어우러진 춤사위.

바람이 프레스토 드세차게 불어오면
풀잎은 날렵하게 제 흥에 겨워하며
저절로 자진모리로 장단 맞춰 흐르네.

바람의 운행따라 자유로이 표출되고
환경에 적응하는 아름다운 풀잎 보며
상생의 조화를 이룬 자연이법 깨치네.

(2006.5.30)

햇살의 의미

연초록 봄 햇살은 움츠렸던 마음 풀어
깜냥껏 눈 틔우는 새싹들의 안간힘에
조용히 다가가 앉는 고운 손길 따스함.

갈맷빛 여름 볕은 나른한 몸을 풀어
끝없이 뻗어나는 푸르른 나무들에
진하게 꿈을 키우며 달려가는 에너지.

꿈꾸는 가을볕은 골마다 익어가는
단풍잎 고운 물을 잎마다 새기면서
조물주 솜씨를 펼친 오색 무늬 수채화.

새하얀 겨울햇살 청송에 내려 앉아
눈꽃을 품고 나와 순수를 입혀주며
청빈을 꿈꾸고 있는 선비 같은 고고함.

(2005.4.5)

달풀이 노래

해오름 새해 元旦 힘차게 오르는 해
시샘달 잎샘 추위 꽃샘추위 이겨내고
오름달 물오름 좋아 뫼와 들을 적셔주네

잎새달 물오른 나무 저마다 잎 돋우어
푸른달 푸른 마음 모든 이의 가슴마다
온 누리 생명의 소리 넘쳐나는 누리달

견우와 직녀 만나 사랑 애기 엮어 가면
가슴은 타오름달 정열의 꽃 땅위에서
그 열매 빨갛게 익어 가지마다 주렁주렁

하늘연 아침나라 밝은 뫼에 우뚝 솟아
미틈달 그늘에도 따스함을 더해주니
일마다 매듭을 지어 유종의 미 거두네.

(2006.6.27)

131

독도의 고백

대한의 막내둥이 천연기념물 336호
경상북도 울릉군 울릉읍 독도리산1~37번지
독도는 신라에 귀속된 우산국의 후예라오.

동해를 지키고자 그 가운데 우뚝 솟아
인고의 세월 속에 먼 육지 바라보며
젊음을 [가지도]라 하며 홀로서기 했습니다.

그리움 바닷물에 절이고 절이어서
혹독한 한서(寒暑)에도, 폭풍이 밀려와도
의연히 [삼봉도]가 되어 든든하게 섰습니다.

역사의 뒤안길서 빗겨가고 어긋나도
스스로 바로서고 모든 풍상 이겨내며
고독을 바다에 풀어 [가산도]라 했습니다.

철따라 쉬어가는 철새들의 벗이 되어
수평선 길을 따라 꿈을 꾸는 해신(海神)처럼
당당히 [독도]라 부르며 역사위에 서렵니다.

(20050329)

* 조선시대에는 독도를 '우산도', '삼봉도', '가지도', '가산도' 등
으로 불렀다

4월 5일은 식목일

- 화마가 휩쓸고 간 자리 -

식목일 나무심기 산불들이 앗아가니
해마다 거듭되는 이 재난을 피할 길은
모두가 내집 지키듯 자나깨나 불조심.

화마는 쏜살같이 바람타고 몰려와선
천년고찰 낙산사를 미친 듯이 삼키고는
시뻘건 머리채 날리며 골을 향해 달리네.

화마가 휩쓸고 간 산마을 주민들은
몸만을 가까스로 빠져나온 형편이라
외양간 지켜온 소는 묶인 채로 숯덩이.

한평생 일군 재산 한 순간에 날아가고
건진 것 하나 없는 그야말로 빈손이네.
그래도 다행인 것은 인명피해 없다네.

어쩌나 세상만사 가름할 수 없는 것을
빈 마음 빈손으로 일어서게 하는 힘은
그래도 사랑의 손길 함께하기 때문이리.

(20050405)

− 문학 공간 7월호 −

한글사랑

한글은 우리의 글 아름답고 편리하다
초성과 중성으로 글자를 구성하고
종성은 중성에 이어 받침 하나 더한다.

글자의 구성원리 익히고 배워보면
담겨진 의미 체계 철학이고 과학이라
옛사람 놀라운 지혜 머리 숙여 감탄한다.

이렇게 훌륭하고 편리한 글자인데
사대에 눈이 가려 한자만을 좇았으니
글자는 국운을 좌우 약소국이 되었지.

우리 글 우리말을 우리가 갈고 닦아
우리의 보석으로 아름답게 사용하면
국가는 글자와 함께 발전하고 번영한다.

선각자 주시경은 일제의 암흑기에
한글의 우수성을 일찌감치 발견하고
한글의 연구와 교육에 한 평생을 바쳤지.

오늘날 문법체계 그에게서 비롯됐고
국어의 순화운동 가로 쓰기 풀어쓰기
맞춤법 한글전용등 주시경이 일궜다.

이렇게 좋은 글을 갈고 닦아 전파하여
세계로 뻗어가서 세계 속에 한글 되면
글자는 국운을 좌우 강대국이 된다네.

거울보기

수없이 바라보는 거울 속 나의 모습
비쳐진 모습마다 때에 따라 달라 뵈니
때로는 진짜인 모습 헷갈리고 알 수 없네

때로는 나의 모습 곱게도 보여주고
때로는 나의 모습 밉게도 보여주고
거울은 마음을 표현 마음따라 달라뵈네.

거울속 내 모습은 남도보고 나도 보고
헝클러진 머릿결은 빗으로 빗어내고
얼굴의 작은 잡티는 화장으로 닦아낸다.

마음속 생각들은 비쳐지지 아니하니
남들은 잘 몰라도 내 마음은 내가 알고
그래도 때에 따라선 내 마음 나도 몰라

마음 속 작은 물결 거울로도 못 비추고
파도로 다스려도 지워지지 않는 것은
침묵 속 내면의 소리 나 자신에 잠긴다.

고불 맹사성을 기리며

양촌의 문하에서 재질을 인정받고
격동의 두 왕조를 벼슬로 살았지만
청렴과 포용의 삶은 후손에게 귀감이네.

청렴과 결백함도 황희와 쌍벽이고
마음이 후덕함도 황희와 쌍벽 이뤄
조선초 문화발전에 기여 또한 함께 했네.

재주는 여러모로 시·예에도 빛을 발해
실록을 감독하고 향악도 정리하고
마음은 [강호사시사] 자족함을 더하네.

효성도 지극하여 어린 나이 열 살 때에
어머니 돌아가자 7일간을 금식하여
대소가 효의 진수를 몸소 체험 했다네.

외증조 최영 장군 혼이 서린 고택에는
고인의 푸른 넋과 3정승의 행단 있어
수 백 년 이어온 흔적 자자손손 귀감이네.

(2006.8.30)

139

깃발을 올려

— (사)한국시조문학진흥회 총회에 부쳐 —

한국의 고유시인 아름다운 시형있어
우리의 정서 담아 운율맞춰 표출하면
그것이 3장6구의 정형시가 시조라네

국민은 누구든지 우리시를 읊어야지
우리의 고유시형 갈고 닦아 발전시켜
한글이 세계로 뻗듯 고유시도 알려야지

시조의 진흥 위해 방방 곳곳 뜻을 모아
그 이름 사단법인 시조문학 진흥회로
깃발을 높이 올리며 비상하는 시진회원.

조신한 자태하며 올곧은 선비정신
다듬고 보듬어서 시형을 제련하여
고유의 정신문화로 자리 잡아 이어가네.

문학의 중심에서 큰 별로 높이 띄워
세련된 3장6구 12음보 정형시로
운율을 따라 읊으며 너도나도 애송하네.

학문의 기반위에 시조문학 발전시켜
국민의 문학으로 아름다운 운율 따라
누구나 흥얼거리며 시조 한 수 지어야지.

진리는 평범해도 마음은 천만갈래
서로가 협력해서 커다란 틀 안에서
하나로 엮어 새기며 대단원을 그려보세.

흥하고 성하여서 곳곳마다 소망 심고
우리네 정서 담아 지구가족 모두에게
고유의 우리시형을 자긍하며 알려야지

회원은 그 누구나 한 마음 한 뜻으로
시진회 그 목적과 취지를 바로 새겨
드높이 횃불을 올려 곳곳마다 비추세.

(2006.4.29)

연꽃이 품은 뜻은…

1
연꽃은 진흙탕서
자라지만 물들지 않으니
불의한 환경에도 고고하게 사는 사람
연꽃의 이제염오(離諸染汚)성을
지녔다고 한다오.

2
연꽃은 한 방울의
오물도 머무르지 않으니
불순한 환경에도 오염 않는 사람 일러
연꽃의 불여악구(不與惡俱)성을
지녔다고 한다오.

3
연꽃이 개화하면
향기로 가득하여
사회를 정화하는 인품의 소유자를
연꽃의 계향충만(戒香充滿)성을

지녔다고 한다오.

4
연꽃은 泥土에도
잎과 줄기 청정하여
깨끗한 몸과 마음 간직한 사람 일러
연꽃의 본체청정(本體淸淨)성을
지녔다고 한다오.

5
연꽃의 생김새가
둥글고 원만하여
주위에 부드럽고 인자한 사람 일러
연꽃의 면상희이(面相喜怡)성을
지녔다고 한다오.

6
연꽃은 유연하여
바람에도 꺾이지 않아

143

자기를 지키면서 유연성을 지닌 사람
연꽃의 유연불삽(柔軟不澁)성을
지녔다고 한다오.

7
연꽃을 꿈에 보면
좋은 일이 있다하여
생활에 활력주고 기쁨 주는 사람 일러
연꽃의 견자개길(見者皆吉)성을
지녔다고 한다오.

8
연꽃은 개화하면
반드시 결실하니
일하며 좋은 결실 맺는 사람 이르기를
연꽃의 개부구족(開敷具足)성을
지녔다고 한다오.

9
연꽃은 만개시의
색깔이 가장 고와
마음을 맑게 하는 인품의 소유자를
연꽃의 성숙청정(成熟淸淨)성을
지녔다고 한다오.

10
연꽃은 새싹부터
다른 것과 구별되니
은연중 기품 있고 존경스런 사람 일러
연꽃의 생이유상(生已有想)성을
지녔다고 한다오.

(2005.5.15)

부록

1. 기청의 연첩시조에 대한 반론

이정자(시인, 문학박사)

　시조의 형식 파괴가 새로운 모색을 위한 당위성으로만 돌린다면 우리 고유의 정형시인 시조의 정체성은 어떻게 설명해야 할지 심히 염려스럽다.

　아는 바와 같이 시조에는 평시조 연시조 엇시조 사설시조가 있다. 거기에는 3장이라는 시조의 기본틀을 갖고 있기에 시조의 유형으로 남아 있다.

　오늘날 엇시조니 사설시조도 자유시가 있는 마당에 그 필요성 유무를 논하는 실정이다. 그런데 시조의 형식이 '시대적 정서와 괴리되어 문학성이 떨어지는 문제점…' 운운 하면서 [연첩시조]라 명명하여 문학지에 발표한 것을 읽어보았는데* 그것은 당연히 시조가 아니다. 시조의 특징을 하나도 지킨 것이 없다. 발표된 것 중 한 편을 살펴보면

　　앞산 허리께 너머 기러기떼 줄지어가고
　　그 아래 공동묘지 앞서거니 뒤서거니
　　저문날 줄줄이 서서 가물가물 늘어선 행렬
　　영문도 모르는 어린 것들 아장아장 걸어오고
　　　　　　－가고 오고 ('작은 문학'지 발표)－

---

* 기철, "시조, 그 새로운 형식적 모색의 당위성" 월간문학 7월호(2006).

시조를 설명할 때 3장 4보격(12음보) 3·4음절이 그 특징으로 일컬어진다. 위의 '가고 오고'를 보면 그 하나도 지킨 것이 없다. 장도 음보도 음절도… 무엇보다 시조의 생명인 3장의 틀을 지키지 않았다는 것이다. 시조의 특징을 조금 더 엄밀히 검토해보면 3장이란 특징을 빼고는 4보격이나 3·4음보는 가사나 민요에도 무수히 많다. 우리가 즐겨 암송하는 자유시에도 많다. 그래서 시조의 생명은 3장이라는데 있다. 엇시조나 사설시조가 시조의 유형으로 인식되는 것도 3장이라는 틀을 유지하기 때문이다. 그런데 기청시인의 연첩시조란 이 기본틀을 무시했으니 시조라 할 수 없다는 것이다. 잠간 나왔다 사라진 양장시조니 절장 시조의 전철이라도 밟으며 개인적으로라도 향유를 하겠다면 이를 꺾을 수는 없을 것이다. 하지만 양장시조나 절장시조를 시조의 유형에 편입시키지 않듯이 한 개인이 아무 검정도 없이 발표하는 것을 시조라는 이름을 붙이는 것은 무리이다.

시조의 생명은 3장이라는 기본틀에 있다. 각 장을 여러 행으로 만들더라도 그 기본틀이 유지되기 때문에 시조로서의 생명을 지킨다. 그리고 그 운율이나 종장에서 자유시와는 엄연히 구별된다. 이것이 시조의 정체성이기도 하다.

'문학 형식에 대한 실험은 문인 개인의 소신'이라하는데 그 실험은 당연히 검정을 받아야 하고 검정에 통과하지 못하면 '개인의 신념에 찬 창작 행위'라하더라도 이를 기존 장르의 이름을 빌려 발표해서는 안 된다. 더구나 우리 민족 고유의 정형시인 시조의 이름을 빌려서는 안 된다. 기청 시인이 발표한 것은 시조가 아니다.

'…한정된 형식으로 소화하기에는 무리가 있었다. 그래서 시조의 중요한 특징인 음보율과 마지막장의 전-결 구조를 살피고 기─승 구조를 자유롭게 확장하여 형식의 확대를 실험하였다' 기청 시인은 시조의 특징을 '음보율과 마지막 장'이라 했는데 기청 시인은 시조의 생명이 되는 '3장'이라는 사실을 놓치고 있다. 그래서 연첩시조를 발상했나 보다.

양장시조도 1926년에 일어난 시조부흥운동 가운데 하나로 제기되어 1931년 주요한이 처음 선보인 데 이어 이은상이 <노산시조집 鷺山時調集>(1932)의 '양장시조시작편'에 <소경되어 지이다> 등 6수를 발표했다. <소경되어 지이다>는 "뵈오려 못 뵈는 님 눈 감으니 보이시네/감아야 보이신다면 소경되어 지이다"이다. 이를 두고 조동일 교수는 <한국문학통사 5>에서 이 작품에서 다섯 글자로 된 '보이신다면'이 특별한 구실을 하지 않는다면, 2줄로 된 형식은 민요에도 흔히 나오는데 구태여 새롭게 이름 지을 필요가 없다고 하여 부정적인 입장을 피력했다. 시조 형식의 개혁을 시도한 점에서는 그 의미를 부여해야겠지만 당시의 상황으로 볼 때 이는 와카[和歌]의 영향을 받은 것이 아니라고 부인할 수 없을 것이다.

김대행 교수도 [한국시가구조연구]*에서 밝혔듯이

시조의 정체성은 3장의 기본틀에 있다. 그것이 시조의 생명이고 정체성이다. 잠깐 나왔다가 사라진 개인이 향유한 양장시조니 절장시조는 사실은 시조라 명명하기에는 부적절하다. 이와 마찬가지로 기청시인이 발표한 연첩시조라는 것도 시조라 명명하기에는 적절치 않다. 그래서 시조가 아니라는 것이다.

(자유문학 2006. 여름호)

---

* 김대행, 한국시가구조연구, 삼영사, <정형의 의미> pp.219-225 참조

2. 형식 파괴가 발전일까?

이정자(시인, 문학박사)

조선일보 주산지 물빛/조성문

청송땅 샛별 품은 갈맷빛 외진 못물 갓밝이 저뭇한 숲 휘감아 도는 골짝만 된비알 뼈마디 꺾는 물소리 가득하다. 호반새 울음 뒤에 퍼지는 새벽 물안개 실오리 감긴 어둠도 한 올씩 풀어내고 삭은 살 연기가 되고 재 되는 저 춤사위. 사는 일 짐 부려 놓고 제 거울 들여다보는 고요도 버거운 이 차갑게 돌아앉고 못 속에 누운 왕버들 퉁퉁 부은 발이 시리다. 숨 돌릴 겨를 없이 짙붉게 타는 수달래 먹울음 되재우고 저마 다 갈 길 여는가 내 앞에 툭툭 뛴 물살 쌍무지개 지른다.

금년 조선일보 신춘문예 시조 당선작 조성문의 [주산지 물빛]은 이목을 끌기에는 충분하다.

시조를 아는 모든 이들은 한 번 쯤 고개를 갸우둥 했을 것이다. 필자 역시 눈을 다시 뜨고 "이거 뭐가 잘못 된 것 아닌가?"하고 심사위원의 자질을 의심했다. 그러면서 다시 읽고 또 읽으며 리듬감을 느꼈다. 그리고 분석했다. 권위 있는 중앙지의 입지를 생각하며 잘 못될 리가 없을 거라는 입장으로 돌아가서다.

그러면서 다음과 같이 정리해 보았다.

청송 땅 샛별 품은 갈맷빛 외진 못물
갓밝이 저뭇한 숲 휘감아 도는 골짝만
된비알 뼈마디 꺾는 물소리 가득하다.

호반새 울음 뒤에 퍼지는 새벽 물안개
실오리 감긴 어둠도 한 올씩 풀어내고
삭은 살 연기가 되고 재 되는 저 춤사위.

사는 일 짐 부려 놓고 제 거울 들여다보는
고요도 버거운 이 차갑게 돌아앉고
못 속에 누운 왕버들 퉁퉁 부은 발이 시리다.

숨 돌릴 겨를 없이 짙붉게 타는 수달래
먹 울음 되재우고 저마다 갈 길 여는가
내 앞에 툭툭 뛴 물살 쌍무지개 지른다.

4수의 완전한 연시조의 모습이 되었다. 그러면서
생각해 보았다. 작자는 왜 수 백년간 내려온 전통과
형식을 깨고, 엄청난 파괴를 시도했을까? 그보다 파
괴한 그 시형을 하필 신춘문예로 뽑았을까? 이다. 물
론 거기에는 심사위원의 마음이 작자의 마음과 일치
했거나 통했기 때문일 것이다. 아님 문학지도에서부
터 영향을 받았을 것이다.
　요즈음 여기저기서 시조의 확산 내지 발전, 살아남
기의 일환으로 형식파괴를 주장하고 파괴하는 시인

들을 많이 본다.

　그 파괴하는 유형은 대개 2종류이다.

　첫째는 위와 같은 형식 파괴이고

　둘째는 지나친 자수율 파괴이다.

　이 둘을 파괴하는 것은 시조의 근본을 무시하는 것이다 시조의 전통을 무시하는 것이다. 결국은 시조의 정체성을 없애는 것이다.

　시조는 3장6구12음보 45자 내외로 현대 시조로 넘어오면서 여러분의 설을 통합하여 조윤제 선생이 이미 정립시켰고 그것은 중·고등학교 국어 교과서에 실려 익히 배운 바이다. 그리고 시조 이론서마다 새겨진 시조의 형식이다.

　파괴가 전통시의 발전은 아니라고 생각한다. 새로운 것의 시작과 전환은 되겠지만 [주산지 물빛]과 같은 시조의 줄글은 시조의 정체성을 의심하게 한다.

　자유시도 줄글로 쓰면 그 맛을 제대로 느끼지 못한다.

　박목월의 시 [청노루]를 예를 들어 보자.

　먼산 청운사
　낡은 기와집

　산은 자하산
　봄 눈 녹으면

느릅나무 속잎 피어가는
열 두 구비를

청노루
맑은 눈에

도는
구름.

-『청노루』 전문-

이 시는 자유시이지만 시조처럼 서술어를 거의 배제함으로써 행간에서 여운을 느끼게 한다, 또한 소재 자체가 현실적 세계가 아닌 시인의 상상적 세계를 그려 낸 것으로 한 폭의 동양화를 보는 듯 하다.

이를 줄글로 옮겨보자 <먼산 청운사 낡은 기와집 산은 자하산 봄 눈 녹으면 느릅나무 속잎 피어가는 열 두 구비를 청노루 맑은 눈에 도는 구름> 귀에 익은 시이니 읽으면 그대로 운율은 나오지만 생소한 글일 경우 이를 두고 시라고 생각하기는 어렵다. 더구나 이 시의 묘미는 감지하기 어렵다.

이와 마찬가지로 조성문의 <주산지 물빛> 또한 일반적으로 볼 때에 이를 시조라고 보기는 힘들 것이다. 그래서 한국시조문학진흥회 홈페이지*에는 이를 문제 삼아 이의를 제기한 시인도 있다. 이를 그대로 옮겨본다.

---

* http://www.sijomunhak.com

주산지 물빛/조성문

  청송땅 샛별 품은 갈맷빛 외진 못물 갓밝이 저뭇한 숲
휘감아 도는 골짝만 된비알 뼈마디 꺾는 물소리 가득하다.
  호반새 울음 뒤에 퍼지는 새벽 물안개 실오리 감긴 어
둠도 한 올씩 풀어내고 삭은 살 연기가 되고 재 되는 저
춤사위.
  사는 일 짐 부려 놓고 제 거울 들여다보는 고요도 버거
운 이 차갑게 돌아앉고 못 속에 누운 왕버들 퉁퉁 부은
발이 시리다.
  숨 돌릴 겨를 없이 짙붉게 타는 수달래 먹울음 되재우
고 저마다 갈 길 여는가 내 앞에 툭툭 튄 물살 쌍무지개
지른다.

  난 이 시조작품을 심사한 이지엽 시인에게 모진
말을 하고 싶다. 과연 운율은 산문처럼 풀어 썼다고
해도 시조로써의 초 중 종장 이라는 기본적 형식을
취하지 않고 회화적으로 풀어 쓴 작품을 선정 했다
는 것은 앞으로 이를 보고 차후 또 다른 시조 신춘
문예를 지망하는 사람들에게 시조의 방향이 다 이러
한 경향이라야 한다는 오답을 내 준 것 아닌가 하는
우려를 먼저 한다. 쓰는 사람보다 선한 사람이 시조
를 시조답게 지키겠다는 양식 있는 행동이었는지 먼
저 묻고 싶다. 자유스러운 발상은 시조 속에 녹아나
야지 형식의 틀을 뛰어 넘어 만들어 지는 것이 아니

라고 본다. 만일 한복이 아무리 형식을 뛰어 넘는다고 해도 넥타이를 매게 만든 한복이라면 그것을 한복이라 말 할 사람이 있겠는가라는 말이다 참으로 많은 영향을 줄 수 있는 신춘문예에 시조라는 형식보다는 시조라는 형식이 뒤죽박죽된 작품을 선한 사람의 문제가 더 걱정이다 (임영석)

가람은 시조가 비록 자수의 제한을 받는 정형시이지만 "일종의 자유시"로서, "꼭 한정된 자수가 아니고 몇몇 자를 가감하여 쓸 수 있는 너그럽고 자유스럽게 된 것"으로 보았다. 그는 논문 「율격과 시조」에서 시조를 '3장8구체'로 파악하고 그 형식을 다음과 같이 규정한 바 있다.

초장: 초구 6~9자, 중구 6~9자
중장: 초구 5~8자, 중구 6~9자
종장: 초구 3자, 2구 5~8자, 3구 4~5자, 종구 3~4자

가람(이병기)이 제시한 율격은 뒷날 도남(조윤제)에 의해 시조의 기본형으로 오랫동안 굳어져 왔던 3·4조에 비해, 자수에 크게 얽매이지 않고 있다. '3·4·4·4…'로 각 장의 자수를 못 박지 않고, 종장을 제외한 초장과 중장은 2개의 구로 나누어 그 안에서 6~9자 등으로 자수를 마음대로 운용할 수 있는 여유를 주고 있다. 더구나 가람은 그의 후기 시에 이르

러서는 10자까지 자수를 늘여 쓰고 있어, 초기에 지켰던 이러한 율격마저 깨뜨리고 있음을 볼 수 있다.

가람의 이러한 율격에 대한 생각은 같은 시기에 발표한 노산(이은상)의 이론과 맥을 같이 하고 있다. 노산 역시 시조가 일정한 자수 법칙에 의해 창작되는 것이 아닌 '정형이비정형 비정형이정형(定型而非定型 非定型而定型)'(『동아일보』, 1928)의 형태를 띠고 있다고 보았다. 시조의 시형을 '3장12구체'로 보고 각 구마다 허용되는 자수를 정해 놓았지만, 가람에 비해 오히려 그 변용의 폭을 넓혀 놓았다고 할 수 있다. 노산의 시형을 살펴보자,

초장: 초구 3~5자, 2구 3~6자, 3구 2~5자, 종구 4~6자
중장: 1~5자 3~6자 2~5자 4~6자
종장: 3자 5~8자 4~5자 3~4자

가람과 노산의 주장을 비교해 보면, 초장에서 최대한 사용할 수 있는 자수가 가람이 18자이며 노산은 22자, 중장에서는 가람이 17자이며 노산이 22자, 종장은 일치하고 있다. 시조의 기본형인 '3・4・4・4, 3・4・4・4, 3・5・4・3'의 경우 각 장을 15자 이내로 제한하고 있는 데 반해, 노산과 가람은 창작의 유일한 도구인 언어에 대한 제약에서 벗어나고자 했음을 알 수 있다. 이것은 학자적 입장이 아닌 실제 창작에 전념한 시인으로서, 좀더 풍부한 표현과 깊이

있는 정신세계를 담아내기 위한 모색의 결과라고 생각한다. 이러한 노산과 가람은 자신의 이론에 충실함으로써, 우리 문학사에 길이 남을 작품들을 남겨 놓았다. 오늘날 발표되는 시조들을 보면 가람과 노산의 영향을 받은 시조시인들도 있고, 도남의 영향을 받아 시조의 정격을 그대로 고수하는 시조시인들도 있다. 필자 역시 고등학교 문예반에서 익히고 지켜온 도남의 정격을 따라서 시조를 쓰고 있다.

형식 파괴가 시조의 발전일까? 시조시인을 비롯하여 시조 평론자나 연구자들은 시조의 정체성에 대해 한 번쯤 심도 있게 생각해 볼 문제라고 본다.

(시조문학 2006.가을호)

이 ı 정 ı 자

자헌(慈軒) 이정자(李靜子)
 시인 문학박사
 대구사범학교졸
 이화여대와 그 교육대학원 및 건국대대학원(문학 석·박사)
 건국대 교수 역임
 현 충주대 문예창작과 외래교수
 한국문인협회회원, 한국시조시인협회회원
 이화동창문인회 이사, (사)한국시조문학진흥회 이사
 올해의 시조문학작품상 수상(2006)

 ▷ 논저
 『한국 시가의 아니마 연구』(백문사, 1996)
 『시조문학연구론』(국학자료원, 2003)
 『대화와 화술』(국학자료원, 2003)
 『논술문과 논문 작성법』(새미, 2004)
 『시와 시조 창작론』(국학자료원, 2004)
 『글쓰기의 길잡이』(국학자료원, 2005)
 『말과 글』(한올출판사, 2006)
 『제정공 이달충 문학』(국학자료원, 2006)
 그 외 국문학 관련 논저 및 논문 다수

 ▷ 시집
 『하늘의 이슬로 된 진주이고자』(백문사, 1996)
 『영의 눈이 뜨일 때』(한결, 2001)

 ▷ 시조집
 『가을 꽃 여울 타고』(토방, 1996)
 『마음의 창을 열면』(한결, 2000)
 『기차여행 - 사계의 노래』(새미, 2005)

 ▷ 에세이집
 『풀은 마르고 꽃은 시드나』(한결, 2001)
 [당신의 인생도 업그레이드 해보라](국학자료원, 2006)

시조의 향기

인쇄일 초판 1쇄   2007년 05월 21일
　　　　2쇄   2015년 04월 11일
발행일 초판 1쇄   2007년 05월 31일
　　　　2쇄   2015년 04월 18일

지은이 이 정 자
발행인 정 진 이
발행처 새미
등록일 2005.3.15. 제17-423호

서울시 강동구 성내동 447-11 현영빌딩 2층
Tel : 442-4623~4 Fax : 6499-3082
www. kookhak.co.kr
E- mail : kookhak2001@hanmail.net

ISBN 978-89-5628-276-3 *03080
가 격 9,000원